Gabriel Zucman (París, 1986) es director del Observatorio Internacional de Fiscalidad y profesor de la Escuela de Economía de París y la Universidad de Berkeley. Es autor de *La riqueza oculta de las naciones: investigación sobre los paraísos fiscales* y de *El triunfo de la injusticia: cómo los ricos evaden impuestos y cómo hacerles pagar*, coescrito con Emmanuel Saez.

Por qué los multimillonarios no pagan impuestos sobre la renta y cómo vamos a ponerle fin
Los ultrarricos pagan en proporción menos impuestos que el ciudadano medio. Es una evidencia, una paradoja, una injusticia clamorosa y, en último término, un peligro para la democracia. El economista francés Gabriel Zucman propone un modelo de gravamen para que quien más tiene más contribuya y evitar que los millonarios se escabullan de sus obligaciones fiscales por los resquicios del sistema, único modo de lograr una sociedad más justa.

Por qué los multimillonarios no pagan impuestos sobre la renta y cómo vamos a ponerle fin

Gabriel Zucman

Por qué los multimillonarios no pagan impuestos sobre la renta y cómo vamos a ponerle fin

Traducción
Juan de Sola

editorial anagrama

Título de la edición original:
Les milliardaires ne paient pas d'impôt sur le revenu et nous allons y
   mettre fin
© Éditions du Seuil
   París, 2025

Primera edición: mayo 2026

Diseño de la colección: Compañía (lookatcia.com)

© De la traducción, Juan de Sola, 2026

© EDITORIAL ANAGRAMA, S. A. U., 2026
   Pau Claris, 172
   08037 Barcelona

ISBN: 978-84-339-4962-2
Depósito legal: B. 722-2026

Printed in Spain

Liberdúplex, S. L. U., ctra. BV 2249, km 7,4 - Polígono Torrentfondo
08791 Sant Llorenç d'Hortons

A veces, lo que más nos cuesta ver
es lo que tenemos más cerca

Prefacio a la edición en español

España y los países de América Latina necesitan un impuesto mínimo que grave a los ultrarricos. Se trata, para empezar, de una cuestión de justicia. ¿Por qué habríamos de permitir que los multimillonarios no pagaran nada? Los impuestos que no pagan ellos los tienen que pagar otros, ya sea directa o indirectamente, a través de un menor gasto público en educación, sanidad e infraestructuras.

Pero, por encima de todo, es una cuestión de democracia. Mientras no se exija a los ultrarricos que contribuyan todos los años con una cantidad mínima de impuestos, su riqueza seguirá incrementándose más deprisa que la de los demás, al igual que su poder, incluido el de influir en los mercados, en la ideología dominante y en la configuración de las políticas.

Todos los estudios disponibles en la actualidad, ya sean de Italia, Francia, Brasil, Suecia, Noruega, Países Bajos o Estados Unidos, muestran el mismo patrón: los ultrarricos evaden en gran medida el impuesto sobre la renta de las personas físicas, que se supone que es el pilar fundamental de la progresividad fiscal.

En 2021, el medio de comunicación estadounidense *ProPublica* reveló que, en varios ejercicios, multimillonarios estadounidenses como Elon Musk o Jeff Bezos apenas pagaron impuestos sobre la renta. Un año en concreto, Bezos de-

claró unos ingresos tan bajos que solici-
tó –y recibió– prestaciones familiares.
Lo que la investigación internacional
descrita en este libro ha revelado desde
entonces es que los de estos individuos
no son casos aislados, sino ejemplos de
un fenómeno global más extendido.

Aún no disponemos de un estudio
centrado en un país hispanohablante
que siga el mismo método utilizado en
otros países: un estudio que vincule las
empresas con sus propietarios para
calcular el importe total de los impuestos pagados, directa e indirectamente,
por las personas más ricas del país, así
como sus rentas reales, incluidas las
que se quedan dentro de las empresas.
Pero hay buenas razones para creer
que la conclusión a la que se ha llegado
en otros países europeos y en Brasil
también es aplicable a España y a otros
países de América Latina.

Todos estos estudios revelan el mismo patrón: los ultrarricos pueden eludir fácilmente el pago de impuestos sobre los dividendos –su principal fuente de ingresos– utilizando sociedades de cartera, que protegen sus ingresos del impuesto sobre la renta de las personas físicas.

La solución que propongo –someter a los ultrarricos a un impuesto mínimo equivalente al 2% de su fortuna– es la herramienta más poderosa para corregir esta anomalía, ya que apunta a todas las formas de evasión de impuestos, ya sea mediante sociedades de cartera, fideicomisos o cualquier otro mecanismo de planificación fiscal.

La objeción más habitual a esta propuesta se centra en el hecho de que los ultrarricos son, por lo general, propietarios de empresas. Pedirles que paguen más impuestos afectaría a sus negocios, lo que, según este punto de vista, sería perjudicial para la economía.

Este argumento es falaz. No cabe duda de que la mayor parte de la riqueza de los ultrarricos adopta la forma de acciones en sociedades. A medida que se asciende en la escala de la riqueza, la proporción de patrimonio en acciones se incrementa, hasta alcanzar prácticamente el 100 % en el caso de los multimillonarios. Las acciones –es decir, la propiedad de las empresas– son el verdadero poder económico y social en nuestras economías capitalistas.

Pero gravar el patrimonio en acciones no tiene nada de especial, y no es más perjudicial que hacerlo en el caso de los bienes inmuebles o los depósitos bancarios. No equivale a gravar los activos de las empresas. Si una empresa no tuviera ningún accionista cuya riqueza neta superase los 100 millones de euros, no se vería afectada por el impuesto que propongo. Si contara con uno o varios propietarios cuya riqueza superara los 100 millones de euros, esos propietarios sí estarían obligados a pagar como personas físicas, pero no la empresa.

Incluso eso no afectaría en lo más mínimo a la empresa. En la mayor parte de los casos, estos propietarios podrían pagar el impuesto con los ingresos que obtienen. La tasa media de rendimiento del patrimonio de las personas con más de 100 millones de euros es de alrededor del 6 %, más que suficiente para pagar un 2 % de impuestos. Cuando los ultrarricos fingen que no tienen liquidez, es porque organizan su propia falta de liquidez para eludir precisamente el impuesto sobre la renta de las personas físicas.

Y, si en verdad no tuvieran liquidez, podrían vender acciones: eso no supone ningún problema. Lo que hace que una empresa sea eficiente no es quién es el dueño. Es la colaboración de miles de empleados; es el saber hacer, la experiencia y las destrezas de su plantilla; la calidad de su gestión; la infraestructura pública de la que se beneficia, etcétera. Nada de eso depende de que una familia concreta posea un determinado porcentaje de las acciones de la empresa. Los ejecutivos no tienen por qué ser los propietarios de la compañía y, de hecho, a menudo no lo son.

Entre las empresas de mayor éxito del mundo se encuentra un amplio abanico de estructuras accionariales, desde un gran fundador con una participación mayoritaria, hasta muchos propietarios diversificados con pequeñas participaciones, sin que ello guarde relación alguna con los resultados de la empresa.

Por poner un ejemplo: el fundador de OpenAI, Sam Altman, no tiene ninguna acción de esa empresa, que es propiedad de empleados actuales y antiguos, de Microsoft y de otros inversores diversificados. A la vista está que ello no impidió que Altman siguiera innovando.

En la década de 1930, Franklin Delano Roosevelt criticó duramente a esos «monárquicos económicos» que pensaban que solo un puñado de personas –ya fueran los fundadores de empresas o sus herederos– tenían derecho a poseer capital, y que creían que cualquier cambio en la propiedad de las acciones iría en perjuicio del resto de la sociedad. Estos monárquicos económicos siguen entre nosotros, tanto en Estados Unidos como en otros países, pero su punto de vista está hoy aún más desfasado que hace un siglo. Del mismo modo que abandonamos la monarquía en la esfera política, ya es hora de abandonarla también en la esfera económica.

No hay ningún obstáculo técnico que impida gravar a los ultrarricos; es una cuestión de voluntad política. Evidentemente, los contribuyentes afectados tienen un interés particular en mantener el *statu quo*. Al menos en Francia, no han dudado en utilizar su poder para blindar sus intereses. Es fácil sentirse abrumado por el poder de las fuerzas oligárquicas y dudar de la posibilidad de cualquier cambio en un futuro previsible. Pero si alguna lección nos ha enseñado la historia es que no hay que subestimar el poder de las ideas y de las fuerzas democráticas. Tarde o temprano, y quizás antes de lo que pensamos, el alcance de la democracia se ampliará para incluir a los multimillonarios y hacer que vuelvan al redil.

Durante quince años he cartografia-
do las grandes fortunas mundiales y he
expuesto de forma objetiva sus mecanismos para evadir impuestos en paraísos fiscales, desde Luxemburgo hasta las Islas Vírgenes Británicas.

Con veintiún años, revisaba minu-
ciosamente los archivos de los bancos
suizos y me sumergía en las balanzas
de pagos de los países, todo ello con un
objetivo: cuantificar el importe de los
activos ocultos en los centros financie-

ros *offshore* y comprender mejor esta gran evasión, durante mucho tiempo abstracta, pero que, a mediados de la década de 2010, gracias a los Papeles de Panamá, terminaría por salir en la portada de todos los periódicos.

Luego me centré en las empresas multinacionales. Me fascinaba lo alambicado de su contabilidad, esos mecanismos mediante los cuales los beneficios obtenidos en Francia o Alemania aterrizan en Irlanda o en las Bermudas para eludir el pago de impuestos.

Esta evasión fiscal internacional ha desempeñado un papel destacado en el aumento de las desigualdades, en el incremento de la deuda pública y, más aún, en el triunfo de un sentimiento de impotencia, terreno fértil en el que han prosperado los movimientos reaccionarios contemporáneos.

Sin embargo, no es en Suiza, ni en las Islas Caimán, ni en Irlanda, donde ocurre lo esencial. No es en montajes abstrusos ni en territorios exóticos donde se desvanecen nuestros principios fundamentales de justicia. Todo pasa aquí, delante de nuestras narices, en una evasión simplísima y a menudo legal, pero con efectos asombrosos: los ultrarricos no pagan, o apenas pagan, impuestos sobre la renta.

Juzguen ustedes: si todos nuestros multimillonarios se marcharan mañana y se instalaran en las Islas Caimán, la pérdida de ingresos fiscales para el Tesoro Público francés sería insignificante, del orden del 0,03%. La razón principal es que obtienen casi todos sus ingresos a través de holdings o sociedades de cartera, la mayoría de ellas ubicadas aquí, en Francia, que actúan como pantalla fiscal: los ingresos que acumulan no están sujetos a impuestos. No obstante, estos ingresos son contantes y sonantes, no están en modo alguno *blo-*

queados: pueden utilizarse para reinvertir, comprar periódicos, bienes inmuebles o con fines filantrópicos –es decir, para todo lo que uno pueda desear hacer cuando dispone de ese nivel de fortuna.

Es hora de ultimar la creación del impuesto sobre la renta, un enorme avance democrático de principios del siglo XX, y de incluir a los multimillonarios, que, en realidad, nunca han estado sujetos a él. Debemos concluir esta revolución para aplicar nuestros principios fundamentales de la igualdad ante los impuestos, recogidos en la Declaración de los Derechos del Hombre y del Ciudadano de 1789. Este es el sentido del impuesto mínimo a los ultrarricos que defiendo. Es una lucha que, aunque difícil, merece la pena librar.

He tardado años en comprenderlo debidamente, pero se lo voy a explicar a ustedes aquí con todo el rigor y la claridad posibles.

Disipar la opacidad: un proyecto
de investigación internacional

En cierto sentido, no es de extrañar que las escasas contribuciones de los multimillonarios al erario público hayan tardado tanto en salir a la luz. De hecho, nuestros organismos estadísticos no informan sobre las grandes fortunas. Son revistas como *Challenges* en Francia o *Forbes* en Estados Unidos las que llenan este vacío. Recopilando información de dominio público –las cuentas de las sociedades depositadas en los registros mercantiles o las declaraciones hechas ante las autoridades de los mercados financieros–, estas publicaciones hacen todo lo posible por estimar el patrimonio de los multimillonarios. Pero estos intentos no aportan dato alguno sobre los impuestos que pagan, de los cuales no se filtra nada a la esfera pública.

No fue hasta principios de la década

de 2020 cuando esta opacidad comenzó a disiparse gracias a un trabajo colectivo de investigación académica. En un estudio publicado en 2019 con Emmanuel Saez, propusimos una primera estimación de los tipos impositivos efectivos de los multimillonarios estadounidenses.[1] Nuestro enfoque seguía siendo aproximado, debido al carácter fragmentado de los datos por entonces disponibles, aunque los resultados se vieron posteriormente confirmados.[2] En cualquier caso, este primer intento animó a otros investigadores a adentrarse por la misma senda, en Francia, Brasil, los países escandinavos, Países Bajos e Italia.[3] En todos los casos fue gracias a un avance decisivo: la posibilidad de acceder a los datos de las administraciones fiscales, el santo grial que permite calcular las rentas reales de los multimillonarios y su contribución efectiva a las finanzas públicas, vinculando las grandes fortunas con las empresas que aquellos poseen y en las que sus impuestos se evaporan.

Todos somos enanos subidos a hombros de gigantes. Este esfuerzo de investigación colectiva, en este caso, prosigue una labor que comenzó hace casi un siglo con dos economistas, Gerhard Colm y Helen Tarasov. Fueron estos dos investigadores quienes, en la década de 1940, en Estados Unidos, trataron por primera vez de dar respuesta a una pregunta en apariencia sencilla: ¿cuál es la cuantía de los impuestos que pagan los distintos grupos sociales?[4] Esta cuestión constituye sin duda uno de los elementos de información más fundamentales del debate público en las democracias contemporáneas, donde los poderes públicos retienen entre el 30 y el 50 % de la renta nacional en impuestos y cotizaciones sociales. Fueron Colm y Tarasov –y, siguiendo su estela, decenas de otros economistas–quienes desarrollaron el aparato conceptual y las técnicas estadísticas que permiten responder a esta pregunta de manera coherente.

Hasta principios de la década de 2020, no era posible incluir a los multimillonarios en el análisis. Ahora que se ha subsanado esta laguna, podemos bosquejar un panorama general de la fiscalidad. La imagen que se desprende es similar en la mayor parte de los países ricos, con algunas variaciones sobre las que volveremos más adelante; comencemos por examinar el caso de Francia.

El tipo de retención fiscal del francés medio: el 51%

En 2024, la renta nacional de Francia –es decir, el conjunto de los ingresos percibidos por las personas residentes en el país, con independencia de su naturaleza (salarios, intereses, alquileres, ingresos de autónomos y beneficios de empresas, ya fueran distribuidos o reinvertidos)– ascendió a 2,44 billones de euros según la contabilidad del INSEE (Instituto Nacional de Estadística y Estudios Económicos). Esta cifra constituye la mejor estimación disponible de los ingresos que los franceses obtuvieron colectivamente de su trabajo y de su capital. En relación con la población adulta, esto corresponde a una renta media anual de 48.000 euros.

Es importante comprender bien este concepto de *renta nacional,* ya que aquí entra en juego un elemento decisivo: la renta nacional es la definición más completa de la renta, la que nos permite comparar con rigor los tipos impositivos entre grupos sociales. A diferencia de la renta fiscal –lo consignado en las declaraciones de impuestos–, la renta nacional no varía en función de las leyes o los montajes jurídicos. Está íntimamente ligada a la noción más común de *producto interior bruto* (PIB), que representa el valor total de los bienes y servicios producidos en un país en un año determinado. Más concretamente, la renta nacional de Francia es igual al PIB menos la depreciación del capital y más los ingresos netos percibidos del extranjero.

La depreciación del capital (cerca del 18 % del PIB) reduce la renta de los franceses, ya que antes de poder consumir o ahorrar es necesario renovar los edificios antiguos o sustituir las máquinas obsoletas.

En cuanto a los ingresos netos procedentes del extranjero, corresponden a los intereses y dividendos que los franceses obtienen de los capitales invertidos en el resto del mundo –acciones estadounidenses, títulos de deuda alemanes, etcétera– menos lo que Francia paga a los inversores no residentes, ya sean fondos de pensiones suecos o compañías de seguros japonesas. Contrariamente a la creencia popular, estos ingresos netos son positivos, con un saldo favorable del 0,5 % del PIB en 2024.[5] Los inversores internacionales poseen parte de la deuda pública francesa y otros activos del país, pero estos pasivos se ven compensados por una cuantía similar de activos franceses invertidos en el extranjero.[6] Francia no está a merced de los acreedores internacionales.

De los 2,44 billones de euros de renta nacional en 2024, las autoridades públicas recaudaron 1,25 billones de euros vía cotizaciones sociales, el impuesto sobre el valor añadido (IVA), el impuesto sobre la renta y el de sociedades, el impuesto sobre bienes inmuebles y otros impuestos diversos. Esto supone un tipo de retención fiscal del 51%.[7] Este nivel relativamente elevado, parecido al existente en los países escandinavos, se corresponde con las decisiones sociales tomadas por Francia en materia de educación, sanidad, pensiones y solidaridad nacional. Unas decisiones de las que no podemos sino estar orgullosos, ya que todo parece indicar que han desempeñado un papel decisivo en el crecimiento notable de la productividad durante el último siglo, en el afianzamiento de una sociedad más igualitaria y en el progreso de la democracia. Pero son unas decisiones que tienen una consecuencia innegable y que nos llevan a una primera constatación: el ciudadano francés medio soporta una fuerte carga fiscal.

Por supuesto, podemos reducir este tipo del 51% si sacamos algunos impuestos del ámbito de las retenciones fiscales. Por ejemplo, si se excluyen las cotizaciones a la jubilación, el tipo impositivo del francés medio se reduce aproximadamente a un 41 %. Si además excluimos el IVA, el tipo baja al 32 %; si seguimos rascando de aquí y de allá, se puede obtener la cifra que uno quiera.

Sin embargo, estas operaciones de sustracción no tienen la menor justificación, ya que no hay ninguna razón válida para excluir una u otra retención, ni siquiera las cotizaciones a la jubilación. Todos los organismos estadísticos del mundo las incluyen, como hacen los economistas que, siguiendo los pasos de Colm y Tarasov, se han interesado por la distribución de las retenciones fiscales. Las cotizaciones a la jubilación están desde luego asociadas a transferencias, pero esto es así en todos los impuestos y cotizaciones; por suerte, los poderes públicos no queman el dinero que recaudan, sino que lo gastan en servicios de sanidad, educación, pensiones, etcétera. Hay diferencias de grado –algunas retenciones, como las cotizaciones a la jubilación que dan derecho a una pensión, están más directamente relacionadas con las transferencias individuales que otras–, pero no de naturaleza. Todas se aplican a los hogares, estén o no de acuerdo, y la relación entre retenciones y transferencias nunca es perfecta, ni siquiera en el caso de las pensiones, ni mucho menos.

Todas las categorías sociales pagan muchos impuestos

Segunda constatación: el tipo del 51 % se da más o menos en las principales categorías sociales. En lo que supone un avance considerable de la estadística pública, el INSEE publica desde 2019 una estimación oficial del tipo de retención fiscal de los distintos grupos de rentas (con la excepción de los ultrarricos), que se obtiene dividiendo los impuestos y cotizaciones que paga cada persona por la renta nacional que percibe: salarios, beneficios empresariales, etcétera.[8] Así calculados, los tipos coinciden por naturaleza con el tipo medio del 51 % de la renta nacional, lo que permite comparar rigurosamente la contribución de unos y otros a los gastos comunes.[9]

Así, se observa que las clases populares –la mitad inferior de la distribución de las rentas, es decir, 26 millones de adultos– pagan en promedio alrededor del 45 % de sus ingresos en impuestos y cotizaciones.[10] El IVA, otros impuestos indirectos como el que grava el combustible, la cotización social generalizada –un impuesto sobre la renta proporcional con un tipo de casi el 10 % que se retiene de casi todos los ingresos– y las cotizaciones sociales suponen una carga fiscal especialmente pesada.

Luego, el tipo impositivo aumenta hasta alrededor del 50 % para las clases medias, es decir, para las personas situadas entre la mediana y el 10 % más rico, tramo en el que el impuesto progresivo sobre la renta y el impuesto sobre bienes inmuebles cobran mayor importancia. Por último, supera ligeramente el 50 % en el caso del 10 % más rico, que posee acciones de empresas y, por lo tanto, paga también el impuesto de sociedades, aparte de los demás.

En resumen, si se distribuye el impuesto entre estas tres clases –popular, media y acomodada–, el sistema fiscal parece muy poco progresivo, ya que todas las categorías sociales pagan más o menos la mitad de sus ingresos en impuestos.

Por supuesto, dentro de cada grupo existe cierta heterogeneidad: estos porcentajes son solo promedios calculados a partir de millones de individuos con situaciones personales muy diversas. No todo el mundo paga un 45 % de impuestos en las clases populares, por ejemplo. Además, se puede objetar que algunos hogares reciben prestaciones sociales que podrían asimilarse a un impuesto negativo y, por lo tanto, descontarse de los impuestos abonados: ayudas a la vivienda, ingreso mínimo vital, prestaciones familiares, prima de actividad, etcétera. En la práctica, estas prestaciones distan mucho de ser un impuesto negativo: mientras que los tributos se pagan puntualmente y a tocateja, las prestaciones suelen recibirse *a posteriori* y no sin cierto grado de incertidumbre, como ha podido comprobar cualquier persona que haya tenido que tratar con la Caisse d'Allocations Familiales.*

* La CAF o Caisse d'Allocations Familiales (Fondo de Prestaciones Familiares) es un organismo de derecho privado y misión de servicio

En cualquier caso, incluso si se deducen de la cuantía del impuesto pagado todas las prestaciones familiares, de inserción y reinserción profesional, de vivienda, de pobreza y exclusión social, los datos no cambian en lo fundamental. El tipo impositivo del francés medio cae a un 46 %;[11] el de las clases populares, a alrededor del 30 %. Al contrario de lo que sostiene una idea muy extendida, todas las grandes categorías sociales pagan en Francia muchos impuestos.

El tipo impositivo efectivo de los multimillonarios en Francia: el 13 %

Todas menos una: la de los multimillonarios.

———

público que, en Francia, asume lo que en otros países suele depender del Ministerio de Asuntos Sociales. *(N. del T.)*

Y es que los economistas, a fuerza de un trabajo colosal, han tomado el relevo allí donde la estadística pública se detiene. En Francia, han sido cuatro investigadores del Instituto de Políticas Públicas (IPP) los que, al igual que hace el INSEE en el caso de otras categorías sociales, han estimado la renta nacional de los ultrarricos y el importe total de los impuestos que pagan, y lo han hecho remontando y siguiendo el rastro de las cadenas de propiedades piramidales hasta identificar los beneficios que realmente obtienen las grandes fortunas.[12]

¿Cuál ha sido la conclusión? El tipo impositivo cae en picado y se reduce, en el caso de estos últimos, a un 25 %, todo incluido. Los multimillonarios, que son alrededor de un centenar, pagan, en proporción a sus ingresos, la mitad de impuestos que la media de los franceses. Por cada euro de renta nacional que ingresan los primeros –independientemente de cómo se obtenga ese euro–, van a parar al fisco en torno a 25 céntimos, frente a los 51 del francés medio. Algunos multimillonarios tienen tipos inferiores al 25 %; otros, superiores. Pero en conjunto salen claramente beneficiados.

Esta caída en picado obedece a una razón principal: el fracaso del impuesto sobre la renta, que en la cima de la pirámide de la riqueza se evapora literalmente, ya que solo representa el 2 % de los ingresos de los multimillonarios. No hay duda de que esa evanescencia se compensa en parte con el incremento de la presión del impuesto de sociedades, que absorbe el 23 % de sus ingresos. Pero, aplicada a un tipo único, esta válvula de escape es demasiado débil para compensar la desaparición del impuesto progresivo sobre las personas físicas.

Sobre todo porque, una vez alcanzado ese nivel de riqueza, todos los demás impuestos se vuelven insignificantes. Dado que los multimillonarios solo consumen una mínima parte de sus rentas –que ascienden a cientos de millones o miles de millones de euros al año–, el IVA apenas supone una carga onerosa en sus ingresos. Como su patrimonio consta principalmente de acciones –y no de propiedades inmobiliarias–, el impuesto sobre bienes inmuebles y el impuesto sobre la fortuna inmobiliaria no les afectan en absoluto. En cuanto al impuesto de solidaridad sobre la fortuna creado en 1981, ironía suprema para un tributo que debería gravar a los mayores patrimonios del país, quedaban exonerados casi por completo. En 2016, en vísperas de su abolición, apenas ascendía al 0,1% de sus ingresos. Más adelante volveremos sobre esta aberración, sin duda el fracaso político e intelectual más amargo en materia fiscal y presupuestaria de los últimos cuarenta años en Francia. Mientras tanto, la conclusión es sencilla: los multimillonarios no pagan ningún impuesto significativo más allá del de sociedades, que pagan las empresas de su propiedad.

Sin embargo, como estas mismas empresas (pongamos por caso LVMH o L'Oréal) están muy internacionalizadas, cerca de la mitad de dicho impuesto se paga en el extranjero, principalmente en Estados Unidos y en otros países europeos.[13] Ello tiene una consecuencia sorprendente: la contribución de los multimillonarios a las finanzas públicas de Francia no asciende en realidad al 25 % de sus ingresos, sino solo al 13 %, ya que el 12 % restante se paga en otros países. Se trata de un tipo impositivo radicalmente inferior al de todas las demás categorías sociales.

En sí mismo, no debe sorprender que los multimillonarios franceses paguen la mitad de sus impuestos en el extranjero, pero hay que entender bien lo que eso implica: las decisiones fiscales que se toman en Washington D. C., en China y en las capitales europeas les afectan tanto como las adoptadas en París. Cuando Donald Trump reduce el impuesto de sociedades, son los multimillonarios de todo el mundo los que se benefician, en una nueva forma de interdependencia económica cuya magnitud apenas comenzamos a intuir.

Señalemos por último que estas cifras, ya de por sí bajas, son sin duda aún menores en la actualidad, ya que el estudio del Instituto de Políticas Públicas toma como referencia el año 2016. Desde entonces, el tipo impositivo sobre las sociedades ha pasado en Francia del 33 al 25 %; el tipo efectivo pagado por las grandes empresas, del

19 al 14 %,[14] y el impuesto de sociedades estadounidense se ha desplomado, pasando del 35 al 21 %. Por lo tanto, todo apunta a que una actualización de las estimaciones que hizo el IPP arrojaría un tipo impositivo significativamente más bajo para los multimillonarios.[15]

El impuesto sobre la renta: una revolución inconclusa

Llegamos ahora al meollo del asunto: ¿por qué los multimillonarios pagan tan pocos impuestos sobre la renta?

Empecemos por disipar cualquier ambigüedad: los multimillonarios no pagan, en sentido estricto, cero. En 2016, los 75 hogares fiscales con mayores ingresos –*grosso modo,* la población de multimillonarios franceses– abonaron en conjunto 200 millones de euros en concepto de impuesto sobre la renta (incluida la contribución excepcional sobre las rentas altas) y cerca de 100 millones en concepto de cotización social generalizada y contribución al reembolso de la deuda social. Es decir, 300 millones en total, o una media de 4 millones de euros por multimillonario.

A primera vista pueden parecer cantidades muy elevadas, pero la realidad es que son insignificantes. Como hemos visto, apenas representan el 2 % de los ingresos de las personas afectadas y en torno al 0,1 % de su patrimonio. En relación con la economía francesa en su conjunto, son importes ridículamente bajos: equivalen al 0,03 % de los ingresos fiscales de Francia y al 0,016 % de su renta nacional. Por consiguiente, si todos nuestros multimillonarios se marcharan mañana y se instalaran en un paraíso fiscal sin impuestos directos, su factura fiscal apenas se vería reducida

–ya es muy baja– y los ingresos del Tesoro Público francés permanecerían prácticamente inalterados. Francia es un paraíso fiscal para los multimillonarios.

Para entender esta anomalía, se impone recordar en primer lugar que las rentas de los ultrarricos no proceden por lo general de salarios o pensiones de jubilación, como es el caso de la mayor parte de los contribuyentes. Los multimillonarios obtienen su riqueza de las empresas que poseen. Las acciones de estas últimas constituyen más del 90 % de su fortuna y sus beneficios, más del 90 % de sus ingresos.

Estos beneficios están sujetos al impuesto de sociedades, pero allí donde el impuesto sobre la renta de las personas físicas debería, en principio, tomar el relevo y sumarse al primero, el sistema se atasca. Y es que los contribuyentes extremadamente ricos pueden estructurar con facilidad su patrimonio de manera que este no genere ingresos personales imponibles.

En la práctica, esta optimización se lleva a cabo mediante el uso de sociedades de cartera, que actúan como pantalla fiscal. Son estas sociedades las que perciben los ingresos de los multimillonarios –dividendos, en su mayor parte– en lugar de las personas físicas de carne y hueso. En Francia, como en la mayor parte de los países, los dividendos percibidos por las sociedades de cartera apenas están sujetos a cargas impositivas. En concreto, en el caso francés, el 95 % de estos dividendos, bajo ciertas condiciones que los ultrarricos cumplen fácilmente, están exentos del impuesto de sociedades; solo el 5 % restante se grava al 25 %, lo que supone una imposición real del 1,25 %.

Por poner un ejemplo: un magnate de la industria del lujo puede recibir 3.000 millones de euros en dividendos prácticamente libres de impuestos. Mientras que el accionista medio deberá pagar un impuesto fijo (*flat tax*) del 30 %, el multimillonario abonará un 1,25 %. Aunque se supone que es progresivo, es decir, que el tipo aplicable aumenta conforme a los ingresos del contribuyente, el impuesto sobre la renta termina disipándose en las sociedades pantalla. Más de un siglo después de su creación –en 1914 en Francia; a finales del siglo XIX y principios del XX en la mayoría de los demás países ricos–, el impuesto sobre la renta sigue siendo una revolución inconclusa: los multimillonarios siguen quedando fuera.

Una injusticia fundamental

¿Por qué es un problema? Simple y llanamente, porque se trata de una violación fundamental del principio de igualdad ante los impuestos, que desde la Revolución francesa se encuentra en el centro de nuestro contrato social. La Declaración de los Derechos del Hombre y del Ciudadano de 1789 establece, en su artículo 13, el principio de reparto equitativo ante los gravámenes públicos. Bajo una interpretación minimalista, este principio significa que los impuestos no deberían ser regresivos: las personas más ricas no tendrían que pagar menos, en proporción a sus ingresos, que las categorías sociales menos favorecidas. Sin embargo, se mire por donde se mire, eso es exactamente lo que ocurre hoy.

Esta anomalía tiene asimismo consecuencias presupuestarias que no pueden seguir ignorándose. La revista *Challenges* publica todos los veranos una estimación de la fortuna de las 500 familias más ricas de Francia, cada una de las cuales poseía, en 2024, más de 245 millones de euros. En 1996, primer año de esta clasificación, su riqueza ascendía a 80.000 millones de euros, lo que equivalía al 6 % del PIB de la época. En 2010 alcanzó los 241.000 millones de euros, es decir, el 12 % del PIB. Entre 2010 y 2024, se multiplicó por cinco, hasta sumar 1.228 billones de euros, es decir, el 42 % del PIB. Las grandes fortunas se han disparado, en lo que es una tendencia mundial particularmente acentuada en Francia.

Entendamos bien el significado de estas estadísticas: cuando la fortuna de los ultrarricos representa el 6 % del PIB, ello quiere decir que un impuesto sobre este patrimonio a un tipo del 2 % genera del orden del 0,1% del PIB en ingresos fiscales adicionales. En relación con el déficit presupuestario de Francia, se trata de una cifra insignificante. No obstante, cuando las fortunas en cuestión representan el 42 % del PIB, ese mismo impuesto del 2 % genera alrededor del 0,8 % del PIB, lo que, en un contexto en el que los poderes públicos tratan de reducir a medio plazo el déficit en dos puntos del PIB, cobra no poca importancia. Más allá de la equidad –que, en mi opinión, constituye la justificación fundamental de un impuesto específico para los multimillonarios–, las implicaciones de un impuesto como este son también de orden presupuestario.

Por último, cabe mencionar las consecuencias que tendría todo ello de cara a las desigualdades. Antes de poder ahorrar nada, los franceses de a pie tienen que pagar todos sus impuestos. Los ultrarricos, no. Y, evidentemente, es mucho más fácil incrementar la fortuna que uno atesora cuando no se pagan impuestos, lo cual conduce a un efecto bola de nieve. Así, la fortuna de las 500 familias que tiene en cuenta *Challenges* creció una media del 10 % anual entre 1996 y 2024 (sin contar la inflación), mientras que el patrimonio del francés medio aumentó un 4,5 % anual. Es cierto que esta diferencia no se explica únicamente por la fiscalidad, pero no lo es menos que esta última ha contribuido de manera significativa a dicha disparidad.[16]

¿Cuándo cesará esta dinámica explosiva, antes de que termine socavando de forma irremediable nuestros ideales democráticos? ¿Cuando la fortuna de los ultrarricos haya superado el 50 % del PIB? ¿El 100 %? ¿El 200 %? ¿Cuando estos últimos posean no ya el 80 % de los medios de comunicación privados, sino la totalidad? ¿O habrá que esperar a que adquieran también los que hoy todavía pertenecen al ámbito público? ¿Que posean no solo calles enteras de París, sino también barrios o, mañana, tal vez, distritos enteros? No resulta fácil estimar el punto de no retorno; nadie sabe con exactitud en qué momento la concentración de la riqueza conduce a ese punto de inflexión que ha hundido a otras sociedades antes que la nuestra.[17] Solo nos queda estudiar con humildad la historia y la experiencia internacional para formarnos una opinión.

Sí, los multimillonarios pagan definitivamente menos de lo que deberían

Hay quienes niegan que exista un privilegio fiscal para los multimillonarios. Merece la pena examinar sus argumentos para que todo el mundo entienda que no se sostienen.

Empecemos por lo que es un simple y burdo enmascaramiento. A menudo se oye decir que «el 10 % de los franceses más ricos pagan las tres cuartas partes del impuesto sobre la renta», lo cual vendría a demostrar que no existe ningún problema de justicia fiscal. El engaño es fácil de detectar: además de que esta cifra solo se refiere a un único impuesto, que a su vez representa menos del 10 % del total de las exacciones fiscales, afecta a 4 millones de hogares fiscales, mientras que los multimillonarios solo son unos cien. Nadie niega que los altos ejecutivos están sujetos a una imposición elevada: como hemos visto, su tipo impositivo, incluidas todas las retenciones, supera el 50 %, algo que los sitúa ligeramente por encima de la media de los franceses. Son los multimillonarios –el 0,0002 % de la población– los que eluden la solidaridad nacional. A menudo también se oye decir que el dinero que los multimillonarios perciben a través de sus holdings no es realmente de su propiedad, que no pueden disponer de él como desean y que, por lo tanto, no hay razón para considerarlo suyo. Según los defensores de esta tesis, los multimillonarios apenas perciben ingresos; así pues, ¿qué hay de raro en que no paguen prácticamente ningún impuesto?

Sin embargo, se trata de un error que refleja una confusión entre dos conceptos económicos fundamentales: los de *ingresos* y *consumo*. En realidad, los multimillonarios pueden utilizar el dinero de sus holdings casi como les plazca. Para entenderlo, hay que recordar que todos los ingresos se consumen o se ahorran. La mayoría de los franceses consumen la mayor parte de sus ingresos, pero en el caso de los ultrarricos es justo al revés. Al fin y al cabo, hay un límite en lo que uno puede gastarse en coches de lujo o relojes suizos. Un consumo anual de 30 millones, que no es moco de pavo, sigue representando solo el 1% de unos ingresos de 3.000 millones. Ahora bien,

aunque es cierto que los multimillonarios no pueden utilizar el dinero de
sus holdings para financiar sus gastos
de consumo personales (a menos que se
arriesguen a cometer un uso indebido de
bienes sociales), en la práctica no supone ninguna restricción, ya que estos gastos son muy reducidos. Para todo lo demás, es decir, sus ahorros, los ultrarricos
pueden disponer de sus ingresos a su an-
tojo. Ya sea para ampliar el capital de su
empresa, comprar inmuebles, diversifi-
car su fortuna o adquirir medios de comunicación, es el holding el que lleva las
riendas; todos estos gastos de inversión
están libres de impuestos.

En otras palabras, para los ultrarricos el impuesto sobre la renta no es
más que un mero gravamen sobre el
consumo, un consumo que en sí mismo es ínfimo en comparación con los
ingresos, mientras que, para la mayor
parte de los contribuyentes, el impues-

to sobre la renta grava todos los ingresos, ya sean consumidos o ahorrados.

Un tercer argumento sostiene que, si bien es cierto que los multimillonarios no pagan hoy muchos impuestos, sí lo harán en el futuro; por ejemplo, cuando retiren dinero de sus holdings. Sería un pequeño consuelo, pero, por desgracia, este argumento también es falso. No hay ninguna razón para creer que los multimillonarios desembolsarán cantidades importantes en ningún momento: como las sumas que perciben en los holdings son considerablemente superiores a sus necesidades de consumo, nunca necesitan retirarlas. Por supuesto, el ahorro así realizado aumenta el valor de las sociedades de cartera, con lo que se genera una plusvalía latente. Pero, en lo que constituye la guinda del pastel de la fiscalidad francesa, esta plusvalía se elimina en el momento de las transmisiones intergeneracionales, de forma que los ingresos de los multimillonarios quedan exentos de impuestos por los siglos de los siglos.[18]

A veces se oye un último argumento que puede resumirse así: «Es cierto que los ultrarricos pagan pocos impuestos, pero ¡las clases modestas se benefician de la solidaridad nacional!». Esta estrategia argumentativa equivale en la práctica a sustituir el estudio de la progresividad del sistema fiscal –es decir, de los tributos obligatorios– por el del carácter redistributivo o no de la intervención del Estado en la economía (impuestos pagados menos gasto público percibido). Dado que el gasto público es mucho más progresivo que las retenciones fiscales –a grandes rasgos, los impuestos son proporcionales a los ingresos, mientras que el gasto público se aproxima más a una suma fija por persona–, este cambio en el análisis altera por completo el panorama general.

Se trata, ante todo, de una cortina de humo retórica, ya que los impuestos y el gasto público son, naturalmente, dos cosas distintas, y todo indica que la redistribución de los impuestos, independientemente de cómo se utilicen, desempeña un papel crucial en la cohesión social y la confianza en las instituciones.

Pero prestémonos por un momento a ese juego y calculemos los tipos impositivos netos del gasto público percibido. Se observa que la injusticia fiscal persiste. Como hemos visto, incluso restando de los impuestos todas las transferencias monetarias que pueden asimilarse a un tributo negativo, los multimillonarios siguen pagando muchos menos impuestos y cotizaciones (25 %) que el francés medio (46 %).[19] Por supuesto, podemos seguir rascando de aquí y de allá: si además se restan las cotizaciones a la jubilación, el tipo impositivo *neto* del ciudadano medio francés cae al 28 % (que sigue siendo superior al de los multimillonarios), y si se resta todo lo demás (gasto público en sanidad, educación, policía, defensa, justicia, etcétera) cae por debajo del 0 %, hasta situarse en el −6 % en 2024, es decir, en el nivel del déficit público.

Esta aritmética no carece de interés: yo mismo he tenido ocasión de contribuir a ella participando en la elaboración del primer análisis de la distribución del conjunto del gasto público estadounidense.[20] Dicho estudio tiene el gran mérito de recordarnos que el gasto público reduce considerablemente las desigualdades, lo cual es siempre motivo de alegría; por eso me importa tanto la cuestión de los impuestos, que son los que permiten ese gasto. Los hogares más pobres son beneficiarios netos de esa redistribución –el gasto público del que se benefician es superior a los impuestos que pagan–, y es una suerte.

Pero todo esto no resta importancia al problema de fondo, a saber: que el sistema fiscal francés fracasa a la hora de hacer que los multimillonarios contribuyan a los gastos comunes. Hay un punto en el que todo el mundo está de acuerdo: incluso descontando la totalidad de los gastos públicos de los que se benefician, los ultrarricos pagan menos que los contribuyentes situados por debajo de ellos (las clases acomodadas), lo que atenta indiscutiblemente contra el principio de igualdad ante el impuesto.

El mundo, un paraíso fiscal para multimillonarios

Francia no es el único país en semejante situación. De hecho, esta es una de las lecciones más sorprendentes de los estudios internacionales que se han llevado a cabo recientemente sobre el tema: en todos los países de los que tenemos datos, el impuesto sobre la renta se evapora en la cima de la pirámide de la riqueza.

Sin duda, esta es la razón por la que el G20 decidió en 2024, bajo la presidencia de Brasil, incluir la cuestión en su agenda. También es la razón por la que muchos países, además de Francia, han hecho suya la batalla y llevan varios años analizando distintos proyectos para gravar más a los ultrarricos.

Sin embargo, hay un país que, sin ser hoy precisamente conocido por la elevada fiscalidad que aplica a los más ricos, destaca sobre los demás: Estados Unidos. En Francia, al igual que en Países Bajos, Italia, Brasil o Escandinavia, el tipo impositivo efectivo sobre la renta aplicado a los multimillonarios es irrisorio, entre el 0 y el 2 %. En Estados Unidos, en cambio, es ligeramente superior: un 9 %.

Para entenderlo, debemos retroceder casi un siglo, al comienzo del New Deal de Franklin D. Roosevelt. En 1933, el *New York Times* reveló que J. P. Morgan, una de las mayores fortunas de la época, no había pagado impuestos sobre la renta ni en 1931 ni en 1932.[21] El Tesoro investigó el caso y, unos años más tarde, Henry Morgenthau, secretario de dicho departamento, denunció el uso de sociedades de cartera por parte de las mayores fortunas de la época. Sin pestañear, Estados Unidos decidió erradicar esta práctica introduciendo un gravamen prohibitivo sobre los ingresos percibidos por las sociedades de cartera personales: a partir de 1937 sería imposible eludir el impuesto de esa manera.

Así, en nuestros días, alguien como Bill Gates no puede esquivar el impuesto sobre los miles de millones de dólares en dividendos que recibe de Microsoft: incluso si se pagan a una sociedad de cartera, estos se gravan inmediatamente, como si los hubiera percibido el propio Gates. La ironía suprema es que los multimillonarios franceses que amenazan una y otra vez con mudarse a Estados Unidos pagarían más impuestos allí que en Francia.

No obstante, se observa que la tributación de las sociedades de cartera, aunque permite a Estados Unidos salir mejor parado que los países europeos, dista mucho de ser un triunfo de la justicia fiscal. Porque, si bien un 9 % es mayor que un 2 %, se trata de un tipo que sigue siendo modesto. En consecuencia, los multimillonarios estadounidenses también pagan impuestos mucho más bajos que sus compatriotas: un 24 % frente al 30 % del contribuyente medio, si incluimos todos los tributos.

Frente a la imposibilidad de eludir los impuestos a través de las sociedades de cartera, las grandes fortunas estadounidenses han encontrado otras maneras de parar el golpe. El ejemplo más llamativo es el de Warren Buffett, que ha transformado su propia empresa, que cotiza en bolsa, en una especie de holding gigante: Berkshire Hathaway compra acciones de empresas, pero nunca reparte dividendos, lo que permite a Buffett ahorrar sin pagar impuestos. Amazon, Alphabet, Meta y Tesla, entre muchas otras sociedades con beneficios astronómicos, tampoco reparten dividendos, o casi ninguno. Así es como los oligarcas estadounidenses se enriquecen sin contribuir a las arcas públicas y sin que eso les impida consumir: para ello, les basta con pedir prestado un poco de dinero.

La principal lección que debemos extraer del ejemplo de Estados Unidos es que, por muy ambiciosas que sean, las medidas específicas contra sus abusos no logran que los multimillonarios paguen los impuestos que les correspondería abonar. Luchar contra los holdings o sociedades de cartera probablemente supondría un esfuerzo inútil: sería como dar palos de ciego. Al igual que Warren Buffett, nuestros multimillonarios se limitarían a cerrar el grifo de los dividendos. De este modo, seguirían eludiendo el impuesto sobre la renta de forma totalmente legal, acumulando riqueza sin ningún tipo de freno, sin que ninguna cantidad sustancial entrara en las arcas del Estado. Tenemos que innovar.

El impuesto mínimo: la herramienta más poderosa para hacer pagar a los multimillonarios

El instrumento que propongo –la creación de un tipo impositivo mínimo para los ultrarricos– constituye, en mi opinión, la conclusión lógica de las estadísticas y las experiencias históricas que acabo de resumir.

Se trata de afirmar un nuevo principio: el de que, en el caso de una persona inmensamente rica, la imposición como persona física no debería poder caer por debajo de un mínimo irreductible. En un informe que presenté al G20 en 2024, en el que detallaba por primera vez esta medida, proponía que ese mínimo se fijara en el 2 % del patrimonio y que se definiera a las «personas inmensamente ricas» como aquellas cuya riqueza ascendiera a 100 millones de dólares o más.[22] Estimé que una medida de este tipo podría reportar entre 300.000 y 380.000 millones de dólares al año a escala mundial, y 67.000 millones de euros a escala europea, según los cálculos realizados con mis colegas del Observatorio Fiscal de la UE.[23]

Esta propuesta fue aprobada por la Asamblea Nacional francesa en febrero de 2025, antes de ser rechazada unos meses más tarde por el Senado. En Francia, solo se verían afectados unos 1.800 hogares fiscales, aquellos cuya fortuna supera los 100 millones de euros. Aunque el número de personas afectadas es muy reducido, se podría esperar recaudar alrededor de 20.000 millones de euros al año –entre 15.000 y 25.000 millones, habida cuenta de la falta de estadísticas públicas oficiales sobre los patrimonios muy cuantiosos y de las incertidumbres que este vacío implica–. Se trata de una suma elevada, ya que los multimillonarios franceses son especialmente boyantes.

Hay varios puntos que merecen ser destacados. En primer lugar, es necesario comprender bien la lógica inherente a la medida del impuesto mínimo. Funciona como una *contribución diferencial*: solo se aplica si el importe de los impuestos ya pagados como persona física (en el caso francés: los impuestos sobre la renta, la cotización social generalizada, el impuesto sobre el patrimonio inmobiliario, etcétera) es inferior al 2 % del patrimonio, en cuyo caso las personas concernidas deben pagar la diferencia para llegar al mínimo del 2 %. Por su propia naturaleza, este procedimiento permite que solo se vean afectados, entre los más ricos, aquellos que hoy contribuyen poco a los gastos comunes. Un contribuyente que ya se acerque al 2 % tendría que pagar muy pocos impuestos adicionales; alguien que esté por encima de dicho porcentaje no tendría que desembolsar ni un céntimo más.

Por lo demás, la tasa del 2 % no se ha elegido al azar: es la que permitiría eliminar la regresividad del sistema fiscal actual. Para los multimillonarios, la tasa de rendimiento de las fortunas asciende de media a un 6 % anual. Una contribución irreductible igual al 2 % del patrimonio reduciría dicho rendimiento en un tercio, de tal modo que, de media, equivaldría a un impuesto sobre la renta del 33 %. Si a ello se suma el impuesto de sociedades que los ultrarricos pagan a través de las empresas que poseen, su tipo impositivo total ascendería al 50-55 %, es decir, más o menos a lo que paga el francés medio. Se trataría, pues, de una simple adaptación de las leyes fiscales a nuestro principio constitucional fundamental de igualdad ante los impuestos. En este sentido, es imposible bajar del 2 %, ya que un tipo inferior supondría refrendar el principio de que los multimillonarios tienen derecho a contribuir menos a las finanzas públicas que el resto de la población.

Por último, el umbral de 100 millones tampoco es arbitrario: corresponde al nivel a partir del cual el sistema fiscal se vuelve regresivo. Los contribuyentes cuya fortuna ronda los 100 millones tienden a pagar ya cantidades significativas en concepto de impuesto sobre la renta, por lo que se verían relativamente poco afectados por la medida que propongo, algo que permite limitar los efectos umbral. Más del 80 % de los ingresos del impuesto mínimo provendrían de los multimillonarios, es decir, de allí donde se concentra la riqueza y se evaporan los ingresos.

Un mecanismo eficaz

El impuesto mínimo es la herramienta más poderosa para hacer que los más ricos contribuyan, ya que se enfrenta a todas las formas posibles de optimización fiscal, ya sea a través de holdings, fideicomisos, sociedades pantalla o los propios conglomerados. No hay que subestimar la inventiva de los abogados fiscalistas a la hora de hacer desaparecer los ingresos imponibles. Por lo tanto, si queremos poner fin a la optimización, no basta con afrontarla con un mecanismo en particular: hay que combatir el problema de raíz.

Esta lógica ha llevado a más de 130 países a adoptar un tipo impositivo mínimo para las grandes empresas multinacionales, tipo que entró en vigor en 2024. En cierto sentido, constituye una forma embrionaria del impuesto mínimo para los multimillonarios: como hemos visto, el impuesto de sociedades es el único que pagan. Pero se trata de un instrumento demasiado impreciso, que afecta por igual a los pequeños y grandes accionistas, con un tipo demasiado bajo (15 %) para poder restablecer la igualdad ante los impuestos. Para asegurarse de que el tipo impositivo de las mayores fortunas no pueda ser inferior al de las clases medias, es necesario un mínimo individual. Para que funcione correctamente, este debe expresarse en un porcentaje no de los ingresos, cuya naturaleza evanescente ya hemos visto, sino de la propia fortuna, que es más difícil de manipular.[24]

Aunque se basa en el patrimonio, el impuesto mínimo sobre los ultrarricos –hay que decirlo alto y claro– representa todo lo contrario a un nuevo impuesto de solidaridad sobre la fortuna. Este último comenzaba a partir de 1,2 millones de euros de patrimonio en 2017 (afectaba a 358.000 contribuyentes), mientras que la medida que defiendo solo se aplica a partir de 100 millones. El primero se sumaba al resto de los impuestos, con un mecanismo de *escudo* –el cual limitaba la imposición directa a un porcentaje de los ingresos fiscales– que lo viciaba, puesto que quienes estaban sujetos a él se las arreglaban para declarar pocos ingresos. El segundo se opone a esta lógica: se trata de crear un mínimo y no un máximo –un *escudo fiscal* inverso.

Sobre todo, este instrumento aprende del estrepitoso fracaso de los impuestos sobre el patrimonio, que, al igual que el impuesto de solidaridad sobre la fortuna, existieron en muchos países europeos durante el siglo XX. Estos últimos nunca lograron gravar como tocaba a los más ricos, y ello a causa de tres errores importantes que el impuesto mínimo se propone sortear.

En primer lugar, estos impuestos, plagados de numerosos vacíos fiscales, eximían de hecho a los patrimonios más elevados. El impuesto de solidaridad sobre la fortuna, creado en 1981 con el nombre de «impuesto sobre las grandes fortunas», es un caso paradigmático. Las grandes participaciones accionariales –es decir, la totalidad o la práctica totalidad de la riqueza de los más acaudalados– estaban de hecho exentas de ese impuesto, de forma totalmente legal. Desde su creación, toda participación superior al 25 % en el capital de una empresa, cotizara o no en bolsa, se calificaba de *bien profesional* –un concepto que no existe en ningún manual de economía y que fue hipócritamente inventado por el poder establecido– y, como tal, quedaba automáticamente exenta de impuestos.[25] Esta debacle, que medio siglo después sigue sobrevolando los debates fiscales en Francia, afianzó la idea de que no se podían gravar las grandes carteras de acciones, ya que ello supondría atacar la «herramienta de trabajo», una idea que, como veremos enseguida, no tiene ningún sentido.

El mecanismo que propongo se centra, por el contrario, en los patrimonios más elevados. Las personas que poseen más de 100 millones de euros tienen una gran capacidad contributiva y no necesitan, por lo tanto, exención, tope máximo o deducción de ningún tipo. La base imponible mínima no está plagada de vacíos fiscales, lo que reduce cualquier posibilidad de optimización, que es la clave de cara a obtener un alto rendimiento presupuestario.

Segundo escollo que hay que superar: el exilio fiscal. Los impuestos sobre el patrimonio europeos no lo combatían; peor aún, lo fomentaban. Porque la norma siempre ha sido, en estos países, que una persona no tiene que pagar nada si decide instalarse en un paraíso fiscal. Sin embargo, esa no es más que una opción posible entre muchas otras. Estados Unidos, por ejemplo, grava a sus ciudadanos independientemente del lugar del mundo en el que vivan: mudarse a Suiza no permite eludir el fisco estadounidense.

Se puede plantear una solución intermedia: en el proyecto que en Francia aprobó la Asamblea Nacional, los contribuyentes afectados por el impuesto mínimo seguirían estando sujetos a él hasta cinco años después de su partida, periodo que podría ampliarse a diez años. También cabría imaginar que el impuesto se redujera progresivamente con el tiempo. Así, una persona que hubiera vivido cincuenta años en Francia seguiría pagando en adelante una fracción equivalente del impuesto mínimo: del 50/51 (es decir, el 98 %) el primer año tras su exilio, del 50/52 (es decir, el 96 %) el segundo año, etcétera. En cualquier caso, lo que no tiene justificación alguna es que el impuesto se reduzca inmediatamente a cero: si una persona se ha hecho multimillonaria, es evidente que se debe en gran parte a la educación que ha recibido, a los servicios sanitarios de los que se ha beneficiado, a las infraestructuras y a los servicios públicos que han permitido que su empresa se desarrolle, a las sumas que la administración ha dedicado a garantizar la seguridad de sus propiedades. No existe ningún derecho natural a exiliarse una vez que se ha amasado una fortuna.

Tercer y último error: luchar de forma demasiado tímida contra la evasión fiscal. Hasta 2018, el secreto bancario reinaba por encima de todo y era intocable: ocultar activos en bancos de paraísos fiscales era un juego de niños. Las sumas ocultadas de esta manera habían alcanzado cantidades astronómicas, lo cual permitía a los contribuyentes más acaudalados eludir hasta el 20 % de sus impuestos.[26] Durante décadas, los gobiernos se declararon impotentes, como si esta evasión fuera fruto de una fatalidad inveterada.

La situación empezó a cambiar cuando Estados Unidos, bajo la presidencia de Barack Obama, obligó a los bancos suizos a intercambiar datos bajo la amenaza de sanciones financieras, lo cual desencadenó un movimiento que culminó en 2018 con la implantación de un sistema automático de intercambio de información bancaria, uno de los mayores éxitos de la cooperación económica internacional de las últimas décadas.[27] Un éxito en el que las administraciones fiscales podrían basarse fácilmente para alimentar unos borradores de declaraciones de patrimonio (como ya hacen, en la mayoría de los países, con la declaración de la renta) y reducir al mínimo estricto las posibilidades de ocultación.

Así, sin vacíos fiscales, dotado de un escudo contra el exilio y armado para luchar contra el fraude, el impuesto mínimo apenas ofrecería escapatoria a las grandes fortunas. Las obligaría a entrar de lleno en el terreno de la solidaridad nacional en las mismas condiciones que las demás categorías sociales. Quizás no debamos buscar más la razón de su descontento.

Incorporar a los multimillonarios a la solidaridad nacional

Como ocurrió cuando se votó a favor de implantar el impuesto sobre la renta a principios del siglo xx, los detractores de esta medida predicen múltiples catástrofes, pero sus temores son infundados. El crecimiento y la innovación no se vieron aniquilados por el impuesto progresivo sobre la renta, sino todo lo contrario: desde 1914, la productividad se ha multiplicado por diez. Un impuesto mínimo a los ultrarricos no haría más que completar la revolución iniciada hace un siglo, sometiendo a las reglas comunes a las grandes fortunas que hoy escapan a ellas.

En la inmensa mayoría de los casos, no haría más que desempeñar en esencia el papel de un impuesto mínimo sobre la renta. Como hemos visto, el rendimiento medio de la fortuna de los ultrarricos gira en torno al 6 %, cifra que se corresponde con la rentabilidad de las empresas que poseen. Sin duda, esta media oculta disparidades, pero, en el caso de la gran mayoría de los contribuyentes afectados, la tasa de rendimiento supera el 2 %, lo cual les permite pagar el impuesto mínimo con los ingresos obtenidos únicamente de su patrimonio. Cuando los multimillonarios alegan «problemas de liquidez», casi siempre se debe a que ellos mismos planifican su falta de liquidez, por ejemplo, no pagándose dividendos o pagándose muy pocos, con la finalidad, precisamente, de eludir el impuesto sobre la renta –una hipocresía a la que el impuesto mínimo pondría fin.

No obstante, hay algunos casos en los que el rendimiento puede ser, en efecto, inferior al 2 %. El ejemplo más conocido es el de los propietarios de los *unicornios*, esas startups de altísimo valor pero que aún no son rentables. De los 1.800 hogares fiscales franceses potencialmente afectados por esta medida, solo unas pocas decenas de personas –detrás de las cuales se escudan oportunamente todas las demás en el debate público– se encuentran quizás en esta situación. Pero el impuesto mínimo sigue estando plena y totalmente justificado incluso en esos casos. Los multimillonarios no pueden salir de la sociedad: deben participar en la solidaridad nacional. Porque una inmensa fortuna, genere o no ingresos, confiere siempre un inmenso poder, sobre el que los poderes públicos deben ejercer su autoridad. La fortuna nunca es virtual.

El ejemplo más claro de este punto fundamental nos lo brinda Elon Musk, fundador de Tesla, empresa que hasta 2020 nunca había obtenido beneficios. En 2022, aunque sin liquidez, Musk decidió comprar la red Twitter por 44.000 millones de dólares, suma que obtuvo con solo chasquear los dedos. Luego puso la red social al servicio de diversas causas políticas e ideológicas, como la reelección de Donald Trump, un apoyo que lo catapultó durante unos meses al corazón del Gobierno federal estadounidense, con total libertad para recortar a discreción aquellos gastos públicos que no fueran de su agrado. La gran riqueza, aunque sea fluctuante, aunque no genere rendimiento, proporciona un poder que sería un error ignorar.

Gravar las grandes fortunas como tales no es solamente una necesidad, sino que no debe escandalizarnos: es lo que se viene haciendo desde hace siglos con los patrimonios inmobiliarios. Creado por la Revolución francesa, el impuesto sobre bienes inmuebles se recauda con independencia de los ingresos. Alguien que posea diez castillos debe tributar por esos diez inmuebles, aunque no obtenga ningún alquiler o renta por ellos; y siempre ha sido así, incluso en la época en que los bienes inmuebles representaban la mayor parte del patrimonio de las grandes fortunas. La idea según la cual alguna autoridad económica, moral o jurídica habría prohibido gravar las fortunas que no producen ingresos es una falacia.

En la práctica, gravar a los propietarios de empresas poco rentables los obligaría a desprenderse de parte de sus acciones. Pueden considerarse varias modalidades de pago. Las personas afectadas podrían, por supuesto, vender sus títulos al mejor postor.

También podría plantearse la posibilidad de pagar el impuesto en especie, es decir, con acciones de la empresa. Los poderes públicos podrían entonces conservar estos títulos en un fondo soberano, algo que reduciría la deuda neta del Estado y permitiría a todos los franceses beneficiarse del éxito de nuestras grandes empresas nacionales. También podrían revenderlas, dando prioridad a los empleados de la empresa en cuestión y, si entre estos no hubiera compradores suficientes, a otros inversores residentes –y prohibir la reventa a los no residentes.

Estas cesiones se traducirían en una pequeña dilución de los accionistas multimillonarios, en beneficio de los empleados y de la comunidad nacional. Esta dilución no tendría ningún efecto negativo sobre la empresa en sí. A diferencia de lo que ocurre con los inmuebles, las empresas se pueden dividir en acciones: los propietarios que carecieran de liquidez cederían el 2 % de sus participaciones durante unos años, hasta que la empresa empezara a ser rentable. Todo apunta a que esta evolución tendría, en definitiva, efectos económicos positivos, ya que la experiencia histórica demuestra que una mayor implicación de los empleados y una mayor distribución del poder dentro de las empresas van de la mano de una mayor productividad.

Estas diluciones se producen constantemente, incluso en ausencia de impuestos: los creadores de startups venden participaciones a fondos de inversión; las empresas de éxito acaban cotizando en bolsa y sus fundadores diversifican sus actividades. El impuesto mínimo solo aceleraría ligeramente este proceso. ¿Cuál sería el coste de todo ello para la sociedad? Incluso diluidos, los fundadores pueden seguir al frente de su empresa si se los reconoce como los más capacitados para garantizar su crecimiento. ¿Acaso no fue Steve Jobs llamado por Apple para tomar las riendas en 1997, a pesar de no poseer ninguna acción? La identidad de los accionistas tiene poca importancia, a diferencia de la concentración de riquezas y poderes, cuyos efectos son muy reales.

El impuesto mínimo constituiría sin duda una pequeña innovación en la organización de la solidaridad nacional, y es comprensible que las personas afectadas se opongan a él con todas las armas a su alcance. La creación del impuesto sobre la renta también suscitó en su momento la ira de las grandes fortunas, y Joseph Caillaux, que no tenía nada de revolucionario, tuvo que hacer frente a ataques de una violencia inaudita. Ya sabemos lo que sucedió después: aprobado por la Cámara de los Diputados en 1909 y bloqueado por el Senado, de mayoría conservadora, el impuesto sobre la renta fue finalmente avalado por este último en 1914. Piedra angular de la fiscalidad moderna, contribuyó al desarrollo del Estado social, que es el motor del crecimiento económico contemporáneo. A pesar de sus carencias, hoy en día casi nadie lo cuestiona. Al igual que su ilustre predecesor, al que no hace más que perfeccionar, el impuesto mínimo sobre los ultrarricos también acabará imponiéndose por lo que es: una evidencia que cae por su propio peso.

Notas

1. Véanse Emmanuel Saez y Gabriel Zucman, «Progressive Wealth Taxation», *Brookings Papers on Economic Activity*, 2019, pp. 437-533, y Emmanuel Saez y Gabriel Zucman, *Le Triomphe de l'injustice*: *richesse, évasion fiscale et démocratie*, París, Seuil, 2020. [Ed. en esp.: *El triunfo de la injusticia: cómo los ricos eluden impuestos y cómo hacerles pagar*, trad. de Pablo Hermida Lazcano, Barcelona, Taurus, 2021.]

2. Akcan Balkir, Emmanuel Saez, Danny Yagan y Gabriel Zucman, «How Much Tax Do U.S. Billionaires Pay? Evidence from Administrative Data», National Bureau of Economic Research, n.º 34170, 2025.

3. En Francia, véase Laurent Bach, Antoine

Bozio, Arthur Guillouzouic y Clément Malgouyres, «Do Billionaires Pay Taxes?», Institut des Politiques Publiques, 2025; en Brasil, véase Theo Palomo, Davi Bhering, Thiago Scot, Pierre Bachas, Luciana Barcarolo, Celso Campos, Javier Feinmann, Leonardo Moreira y Gabriel Zucman, «Tax Progressivity and Inequality in Brazil: Evidence from Integrated Administrative Data», EU Tax Observatory, 2025; en Suecia y Noruega, véase Marius Ring, David Seim y Gabriel Zucman, «Personal Holding Companies, Tax Progressivity, and Inequality», EU Tax Observatory, 2025; en Países Bajos, véase Arjan Bruil, Céline van Essen, Wouter Leenders, Arjan Lejour, Jan Möhlmann y Simon Rabaté, «Inequality and Redistribution in the Netherlands», CPB Netherlands Bureau for Economic Policy Analysis, 2025; en Italia, véase Demetrio Guzzardi, Elisa Palagi, Andrea Roventini y Alessandro Santoro, «Reconstructing Income Inequality in Italy», *Journal of the European Economic Association*, 2024.

4. Gerhard Colm y Helen Tarasov, «Who Pays the Taxes», Temporary National Economic Committee, Washington D. C., 1940.

5. Además, Francia recibe un saldo positivo de remuneraciones salariales del resto del mundo (34.000 millones en 2024), que corresponde principalmente a los salarios pa-

gados por empleadores suizos o luxemburgueses a trabajadores transfronterizos que viven en Francia, que vienen a sumarse al 0,5 % del PIB (17.000 millones) de rentas netas de la propiedad.

6. Aunque la balanza de rentas de la propiedad de Francia es ligeramente positiva, su posición internacional neta –es decir, el valor de mercado de sus activos internacionales menos sus deudas– es ligeramente negativa, un –15 % del PIB en 2024, según las estadísticas del Banco de Francia (véase «La Balance des paiements et la position extérieure nette de la France», informe anual 2024, estadísticas con inversiones extranjeras a valor de mercado). No obstante, esta posición internacional negativa es muy débil en comparación con la riqueza privada de Francia, que ascendía al 511 % del PIB en 2024.

7. Esta cifra se corresponde exactamente con el tipo de retención obligatoria oficial publicado por el INSEE, el 42,8 % del PIB en 2024, es decir, el 51,2 % de la renta nacional: https://www.insee.fr/fr/statistiques/2381412.

8. Mathias André, Jean-Marc Germain y Michaël Sicsic, «"Do I get my money back?": A Broader Approach to Inequality and Redistribution in France with a Monetary Valuation of Public Services», documento de trabajo, INSEE, 2023.

9. Estas estadísticas amplían y confirman las estimaciones presentadas por Camille Landais, Thomas Piketty y Emmanuel Saez en *Pour une révolution fiscale*: *un impôt sur le revenu pour le XXIe siècle*, París, Seuil, 2011, obra de referencia que constituyó el primer intento de estimar los tipos impositivos totales por categorías de ingresos en Francia.

10. Este porcentaje y los siguientes se obtienen relacionando las retenciones fiscales satisfechas con la renta nacional antes de impuestos, pero después de considerar las prestaciones recibidas (véase la figura 6 del artículo de André *et al.* mencionado más arriba). Este cálculo de la renta tiene la ventaja de tener en cuenta todos los recursos de que disponen los hogares más pobres. Sin embargo, presenta el inconveniente de que supera el 100 % de la renta nacional, ya que las prestaciones sociales se añaden a la renta sin deducir los impuestos. Otro enfoque consiste en dividir los impuestos pagados por el ingreso nacional antes de impuestos y antes de transferencias, y retirar del ámbito de las retenciones fiscales la parte de los impuestos indirectos pagados al consumir los ingresos de transferencia, parte que debe considerarse como una transferencia negativa. Esto permite asignar el 100 % de la renta nacional, pero algo menos del 100 % de los impuestos obligatorios tal y

como se definen convencionalmente. Este método parece preferible desde el punto de vista conceptual y arroja resultados similares; en ambos casos, los tipos impositivos estimados para los hogares más pobres quedan bien definidos. Véase Emmanuel Saez y Gabriel Zucman, «Distributional Tax Analysis in Theory and Practice: Harberger Meets Diamond-Mirrlees», National Bureau of Economic Research, n.º 31757, 2023.

11. Estas prestaciones ascendieron a un total de 120.000 millones de euros en 2023, es decir, el 5 % de la renta nacional. Véase «Les dépenses de protection sociale accélèrent en 2023 en France», Direction de la Recherche, des Études, de l'Évaluation et des Statistiques, 2024.

12. Véase Bach *et al.*, *op. cit.*

13. Véanse las estadísticas contables por países publicadas en el sitio web del EU Tax Observatory: https://www.taxobservatory. eu.

14. Olivier Arnal, Ugo Di Nallo y Jean-Philippe Martin, «La réforme du taux statutaire de l'Impôt sur les Sociétés», documento de trabajo, INSEE, 2025.

15. El Instituto de Políticas Públicas (IPP) también adopta un concepto de *renta* ligeramente más restrictivo que el de *renta nacional* tal y como lo hemos definido y utilizado para calcular el tipo impositivo

del francés medio y de otras categorías sociales, lo que lleva a rebajar la diferencia entre el tipo impositivo de los multimillonarios y el del resto de la población. Por el contrario, el IPP no incluye en sus estimaciones el impuesto sobre sucesiones y donaciones. En Estados Unidos, Balkir *et al.*, *op. cit.*, calcularon que los multimillonarios estadounidenses pagan todos los años el equivalente al 0,6 % de sus rentas en concepto de impuesto sobre sucesiones y donaciones.

16. Para una estimación a escala mundial, véase Gabriel Zucman, «A Blueprint for a Coordinated Minimum Effective Taxation Standard for Ultra-High-Net-Worth Individuals», informe para la presidencia del G20, 2024.

17. Véase, por ejemplo, Daron Acemoğlu y James A. Robinson, *Why Nations Fail: The Origins of Power, Prosperity and Poverty*, Nueva York, Crown, 2012. [Ed. en esp.: *Por qué fracasan los países: los orígenes del poder, la prosperidad y la pobreza*, trad. de Marta García Madera, Barcelona, Deusto, 2012.] Véase también Jeffrey A. Winters, *Oligarchy*, Cambridge, Cambridge University Press, 2011. [Ed. en esp.: *Oligarquía*, trad. de Ricardo García Herrero, Barcelona, Arpa, 2024.]

18. Doce países de la OCDE, entre ellos Francia y Estados Unidos, contemplan la exención

de la plusvalía en caso de fallecimiento. Las transmisiones en sí están sujetas al impuesto de sucesiones, cuyo tipo efectivo puede reducirse al 5,625 % para las participaciones en sociedades mediante el recurso al «pacto Dutreil», que regula la transmisión de una empresa familiar; véase Bach *et al.*, *op. cit.*

19. Véase Gabriel Zucman, «Comment taxer les ultrariches? Cadrer le débat sur l'impôt plancher», *Le Grand Continent*, 2025, texto que retomo aquí.

20. Thomas Piketty, Emmanuel Saez y Gabriel Zucman, «Distributional National Accounts: Methods and Estimates for the United States», *Quarterly Journal of Economics*, vol. 133, n.º 2 (2018), pp. 553-609.

21. Véase Saez y Zucman, *Le Triomphe de l'injustice*, *op. cit.*

22. Zucman, «A Blueprint...», *op. cit.*

23. Quentin Parrinello, Giulia Varaschin y Gabriel Zucman, «Resources for a Safe and Resilient Europe», EU Tax Observatory, 2025.

24. El impuesto progresivo sobre las personas físicas también presenta la ventaja de ser mucho más difícil de repercutir en otros agentes económicos que el impuesto de sociedades, ya que estas pueden optar por aumentar los precios, reducir los salarios, etcétera.

25. En su versión original aprobada en 1981, el impuesto sobre las grandes fortunas gravaba los «bienes profesionales», con una fuerte desgravación fiscal en caso de reinversión en la empresa. Pero, en nombre de la competencia internacional, el legislador los excluyó retroactivamente de la base imponible del impuesto sobre las grandes fortunas en 1983; así pues, los bienes profesionales nunca fueron gravados.

26. Annette Alstadsæter, Niels Johannesen y Gabriel Zucman, «Tax Evasion and Inequality», *American Economic Review*, vol. 109, n.º 6 (2019), pp. 2073-2103.

27. Hjalte Boas, Niels Johannesen, Claus Kreiner, Lauge Larsen y Gabriel Zucman, «Taxing Capital in a Globalized World: The Effects of Automatic Information Exchange», National Bureau of Economic Research, n.º 32102, 2024.

Nuevos cuadernos Anagrama

85. **Josefa Sánchez Contreras**, Despojos racistas. Hacia un ecologismo anticolonial

86. **Gabriel Ventura**, El millor dels mons impossibles. Un viatge al multivers del *reality shifting*

87. **Gabriel Ventura**, El mejor de los mundos imposibles. Un viaje al multiverso del *reality shifting*

88. **Marta Cerdà**, Sobreviure al disseny. Context, memòria i temps

89. **Marta Cerdà**, Sobrevivir al diseño. Contexto, memoria y tiempo

90. **Xan López**, El fin de la paciencia. Un ensayo sobre política climática

91. **Isabella Hammad**, Reconocer al extraño. Sobre Palestina y el relato

92. **David López Canales**, ¿Una rayita? Por qué en España se consume tanta cocaína y no se habla de ello

93. **Jaume Subirana**, Literatura, llengua i lloc. Termodinàmica aplicada

94. **Jaume Subirana**, Literatura, lengua y lugar. Termodinámica aplicada

95. **Leila Méndez**, Disparos contados. Fotografiar con actitud analógica en la era de la inmediatez

96. **Julian Barnes**, Mis cambios de opinión

97. **David Trueba**, Mi 69

98. **Lea Ypi**, Fronteras de clase. Desigualdad, migración y ciudadanía en el Estado capitalista

99. **Noelia Ramírez**, Nadie me esperaba aquí. Apuntes sobre el desclasamiento

100. **Óscar Martínez**, Bukele, el rey desnudo

101. **Roger Bartra**, El oficio de ser extranjero. Reflexiones sobre el viajar

102. **César Rendueles**, Redes vacías. Tecnología catastrófica y el fin de la democracia

103. **Joan Subirats**, La brecha entre saber y hacer. Democracias más fuertes con políticas más efectivas

104. **Hans Laguna**, Yo siendo yo. El teatro de la autenticidad en las estrellas del pop

105. **Roberto Calasso**, Bob

106. **Andrés Barba**, Podría comer piedras. Vida y crucifixión de Edward H. Gibson

107. **Enrique Díaz Álvarez**, Lo intolerable. Repulsión vergüenza y responsabilidad colectiva ante la crueldad contemporánea

108. **Juan Evaristo Valls Boix**, JOMO. El gusto de perde

109. **Leticia Sala**, Dame veneno que quiero vivir. Skincare, bótox, miedo a envejecer y linaje femenino

110. **Gabriel Zucman**, Por qué los multimillonarios no pagan impuestos sobre la renta y cómo vamos a ponerle fin